Mark Lidzbarski

Handbuch der nordsemitischen Epigraphik, nebst ausgewählten Inschriften

Mark Lidzbarski

Handbuch der nordsemitischen Epigraphik, nebst ausgewählten Inschriften

ISBN/EAN: 9783744631594

Hergestellt in Europa, USA, Kanada, Australien, Japan

Cover: Foto ©ninafisch / pixelio.de

Weitere Bücher finden Sie auf **www.hansebooks.com**

HANDBUCH

DER

NORDSEMITISCHEN EPIGRAPHIK

NEBST

AUSGEWÄHLTEN INSCHRIFTEN

VON

MARK LIDZBARSKI.

II. TEIL:
TAFELN.

WEIMAR
VERLAG VON EMIL FELBER
1898.

Inhalt und Quellen.

Tafel		Seite
I.	Mesainschrift, nach NN 905, 1148 und 1174 gezeichnet vom Verf.	415
II. 1.	nach N 1036², p. 123	419
2.	nach N 1118	429
3.	nach N 1036², p. 170	427
4.	nach N 487 I	426
5.	nach N 1036², p. 171	423
6.	nach N 870 gezeichnet vom Verf.	423
III.	Inschrift von Byblus, nach N 599 III.	416
IV. 1.	Tebnethinschrift, nach einem Abklatsche gezeichnet vom Verf.	417
2.	Ešmunazarinschrift, nach N 242, Taf.	417
V. 1.	nach N 702, p. 38	418
2.	nach CIS I, 8	419
3.	nach einem Abklatsche gezeichnet vom Verf.	419
4.	nach N 1039 gezeichnet vom Verf.	418
VI. 1.	nach N 707, I	420
2.	nach N 1115	420
3.	nach N 135, Taf. 11, IX	420
4.	nach N 952, Taf. I	421
5.	nach N 430, p. 36	422
VII. 1, 2, 3.	nach N 588	421
VIII. 1, 2.	nach N 135, Taf. 9	424
3.	nach N 185, Pl. 3	425
4.	nach N 875 I, Taf. VI, 1	425
5.	nach N 185, Pl. 4	425
6.	Kranzinschrift, nach einem Abklatsche gezeichnet vom Verf.	425
IX. 1.	nach N 436, Taf. IV, 2	433
2.	nach N 242, p. 65	426
3.	nach CIS I, 118	425
X. 1.	nach N 135, Taf. 6	425
2.	nach N 135, Taf. 7	426
3.	nach N 806, Taf. II	427
4.	nach N 436, Taf. IV, 1	427
5.	nach N 806, Taf. I	424
XI.	Opfertarif von Marseille, nach N 436, Taf. IX	428
XII. 1.	nach N 801 n° 108	429
2.	„ „ 162	431
3.	„ „ 151	431
4.	„ „ 215	430
XIII. 1.	„ „ 241	430
2.	„ „ 89	430
3.	„ „ 3	431
4.	„ „ 131	432
XIV. 1.	„ „ 195	430
2.	nach N 135, Taf. 18, LIII	432
3.	nach N 801, n° 5	431
4.	„ „ 183	431
5.	„ „ 259	430
6.	„ „ 91	432
7.	„ Hadrum. 7	432
XV. 1.	„ „ 8	432
2.	„ „ 9	432
3.	nach N 639 Pl. IV, 12	433
4.	nach N 305 Pl. I, II	433
5.	nach N 639 Pl. VI. 18	433
6.	„ „ X, 34	433
7.	„ „ VIII, 24	433
8.	„ „ IX, 28	433
9.	„ „ V, 13	433
10.	„ „ IX, 25	433
11.	„ „ I, 3	433
12.	„ „ II, 4	434
13.	„ „ VII, 21	434
14.	„ „ X, 31	434
XVI. 1.	nach N 1036², p. 178	435
2.	nach N 135, Taf. 27, LXV	434
3.	nach N 504, Taf. 35	434
4.	nach N 1001	439
5.	nach N 1140, p. 157	435
6.	nach N 188, Pl. H.	438
7.	nach N 185, Pl. 12	438
8.	„ „ 13	438

Tafel		Seite
XVII.	Die grosse Inschrift von Altiburus, nach N 599 I, Taf. 2	437
XVIII.	1. nach N 738	434
	2. nach N 185, Pl. 15 und N 264, p. 35	437
	3. nach N 264, Pl. 2	438
	4. nach N 204², n° 10	436
	5. nach N 185, Pl. 22	437
	6. „ „ „ 18	437
	7. „ „ „ 16	437
XIX.	1. nach N 599 I, Taf. 1	435
	2. nach N 599 IV	438
XX.	1. nach N 204², n° 34	436
	2. „ „ „ 28	436
	3. „ „ „ 24	436
	4. „ „ „ 33	436
	5. „ „ „ 17	436
	6. „ „ „ 32	436
	7. „ „ „ 16	436
	8. „ „ „ 35	436
	9. „ „ „ 27	436
XXI.	1. Siloahinschrift, nach N 782	439
	2. nach N 760, p. 68	439, Anm.
	3. „ „ p. 71	439 „
	4. „ „ p. 78	439 „
	5. „ „ p. 202	439 „
	6. „ „ p. 242	439 „
	7. nach N 875 I, Taf. X, 46	440
	8. nach N 300, Taf. 2	440
XXII.	Hadadinschrift, nach Abklatschen gezeichnet vom Verf.[1]	440
XXIII.	Panammuinschrift, nach N 1098, Taf. VIII	442
XXIV.	Die kleineren Inschriften von Zenğirli, nach Abklatschen gezeichnet vom Verf.	443 f.
XXV.	Die Inschriften von Nêrab, nach Abklatschen gezeichnet vom Verf.	445
XXVI.	1. nach N 430, p. 181	446
	2. „ „ Pl. VI, 24	445
	3. nach N 1075	446
	4. nach N 875 II, Taf. VII, 101	446
	5. nach N 1036², p. 217	447
XXVII.	Die grosse Inschrift von Teima, nach CIS II, 113	447
XXVIII.	1. nach N 662	448
	2. nach N 230	448
	3, 4. nach CIS II, 141 f.	448
XXIX.	1. nach N 434, Pl. 13, 1	449
	2. „ „ „ 3	449
	3. „ „ „ 14, 3	450
	4. nach CIS II, 196 gezeichnet vom Verf.	450
	5. nach N 847	448
XXX.	1. nach N 832, Taf. II, 1	450
	2. die grosse Inschrift von Petra, nach N 1158 IV	451

Tafel					
	3. nach N 891, Taf. 2 gezeichnet vom				
XXXI.	1.	„	„	5	„
	2.	„	„	7	„
XXXII.	1.	„	„	9	„
	2.	„	„	10	„
XXXIII.	1.	„	„	15	„
	2.	„	„	21	„
XXXIV.	aus N 287				
XXXV f.	aus N 1060				
XXXVII.	1. nach N 875 II, Taf. VIII, 102				
	2—9. aus N 434, Pl. 1—4				
XXXVIII.	1—4. aus N 434, Pl. 4				
	5. nach N 875 I, Taf. VII, 4				
	6. nach N 89, II Taf. zu S. 133				
	7—10. aus N 434, Pl. 8 f.				
XXXIX.	1, 2. nach N 434, Pl. 4 f.				
	3. Tarif von Palmyra, Einleitung, N 850 Taf.				
	4, 5. nach N 434, Pl. 1				
XL.	1. nach N 317 und 605, Taf. 75 gezeichnet Verf.				
	2. nach N 434, Pl. 8, 73				
	3. nach N 875 I, Taf. VII, n°6				
	4. nach N 434, Pl. 9, 92				
	5. nach N 1160, S. 1				
	6. nach N 434, Pl. 11, 116				
	7. nach N 1129				
	8. nach N 1161, Pl. A gezeichnet vom				
	9. nach N 851, Taf. n° 1				
	10—12. nach N 334, Pl. 5				
XLI.	1. nach N 684				
	2. nach N 1140, Pl. II, 1 gezeichnet				
	3—7. aus N 1010				
	8. nach einem Abklatsche gezeichnet				
	9. nach N 875 I, Taf. VIII, 19				
	10. nach N 1046, Taf. gezeichnet vom				
	11. nach N 191				
	12. nach CIL VIII, 2, p. 955				
	13. nach N 683				
XLII.	1—8. nach N 434, Pl. 12				
	9, 10. nach N 98, Taf. III				
XLIII.	1. nach N 1015, p. XXII				
	2. nach N 369				
	3. nach N 1165, p. 228				
	4. nach N 354, Taf. 70				
	5, 6. nach N 810				
	7. nach N 1036², p. 280				
	8, 9. nach N 789				
	10. nach N 764				
XLIV.	Phönizische Schrifttafel, gezeichnet				
XLV.	Aramäische Schrifttafel, dsgl.				
XLVI.	1. Hebräische Schrifttafel, dsgl.				
	2. Zahlentafel, dsgl.				

---

[1] Unter der Mitwirkung G. Hoffmann's, der sich viel mit der Inschrift beschäftigt und das Original selbst studiert hat. Schade, dass beim Reindruck schlecht ausgefallen ist.

MESAINSCHRIFT.

PHÖNIZISCH. TAF. II.

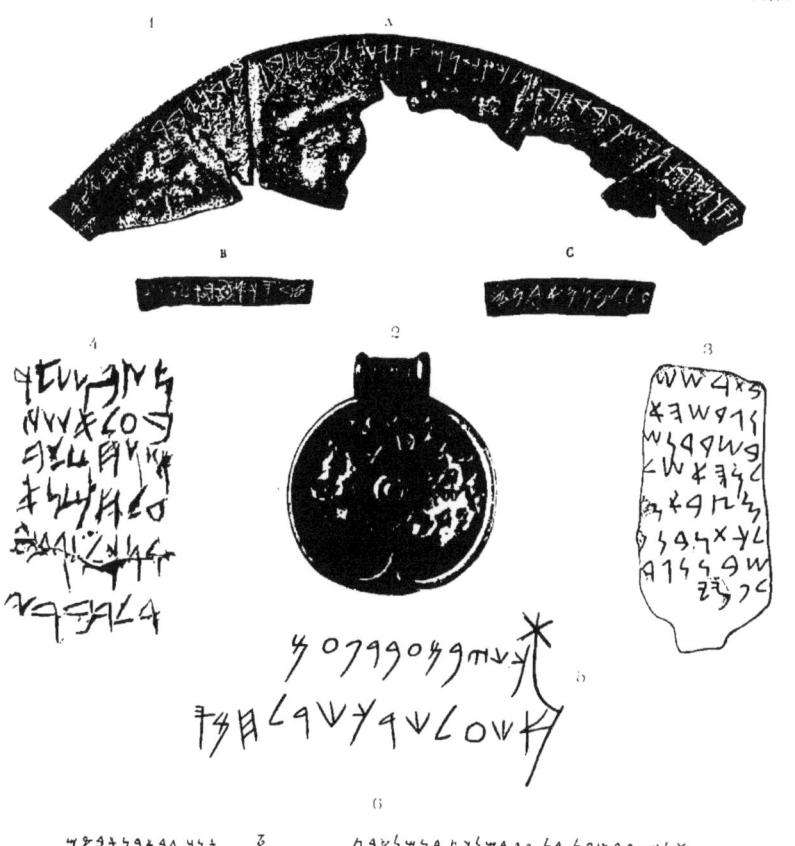

PHÖNIZISCH.   TAF. III.

PHÖNIZISCH.   TAF. IV.

PHÖNIZISCH. TAF. VI.

PHÖNIZISCH.

PHÖNIZISCH.

PUNISCH.

1

PUNISCH.   TAF. XII.

PUNISCH.   TAF. XIII.

PUNISCH.   TAF. XIV.

PUNISCH. TAF. XV.

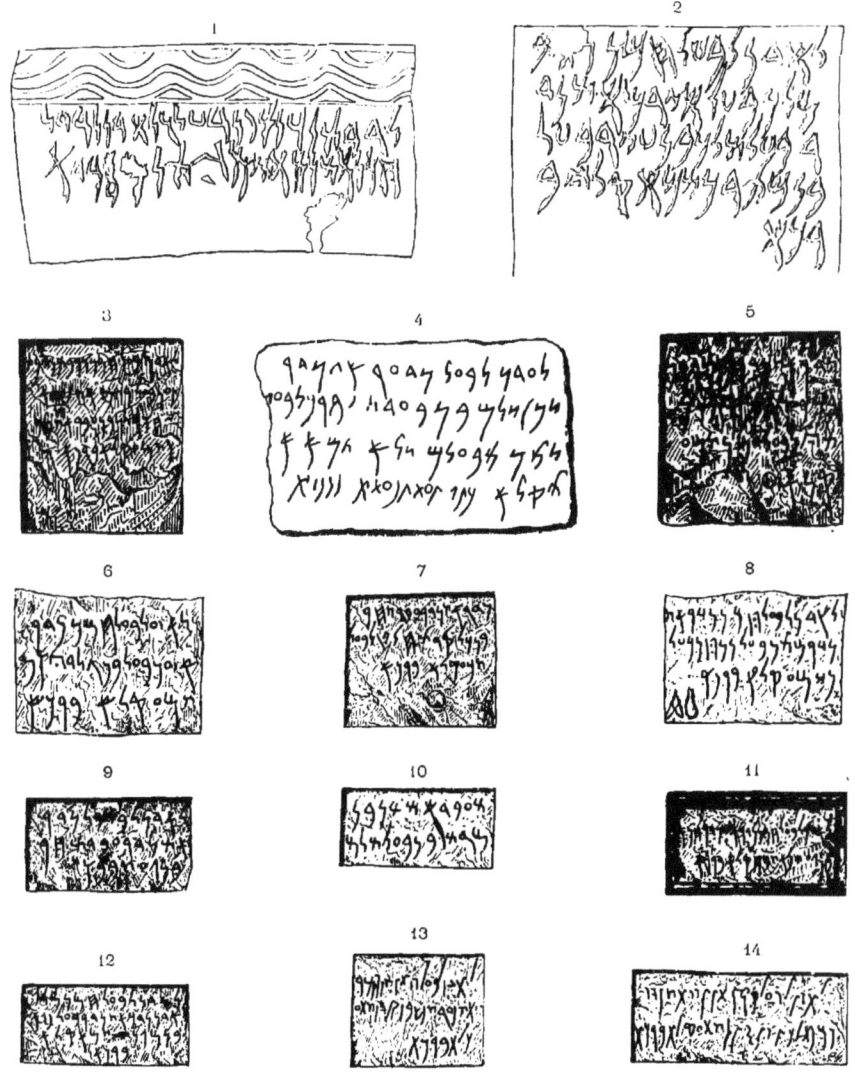

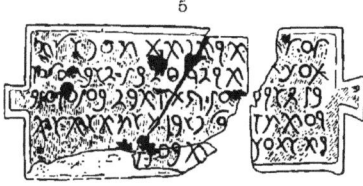

NEUPUNISCH. TAF. XX.

ALTHEBRÄISCH UND SAMARITANISCH. TAF. XXI.

ARAMÄISCH. TAF. XXII.

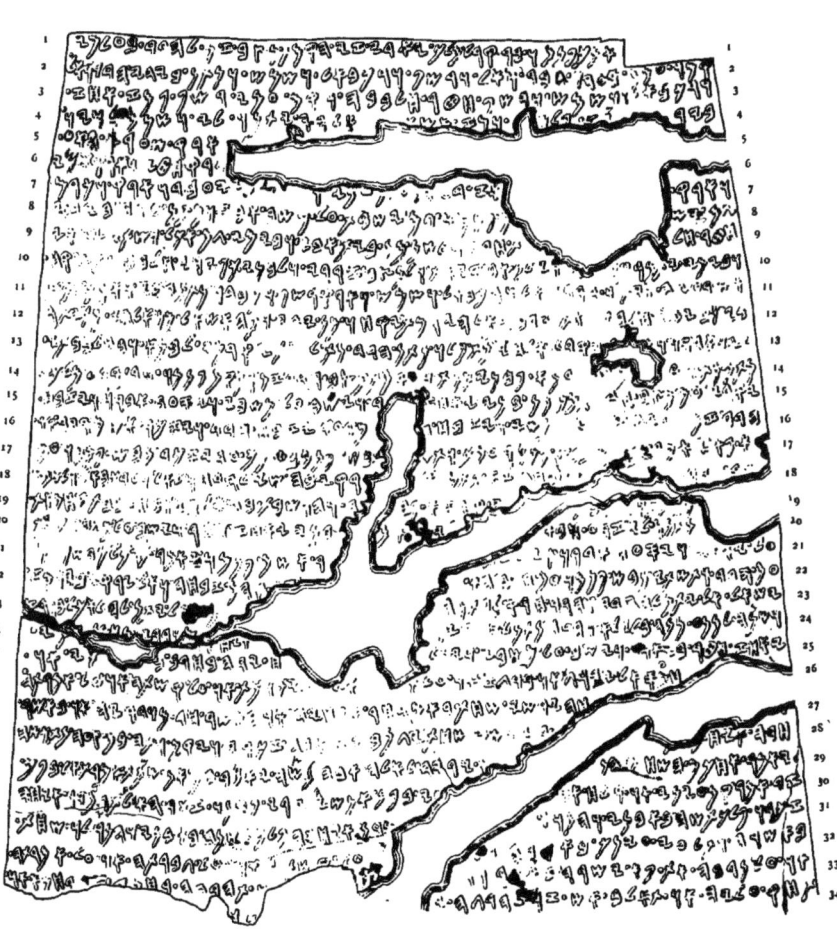

ARAMÄISCH. TAF. XXIV.

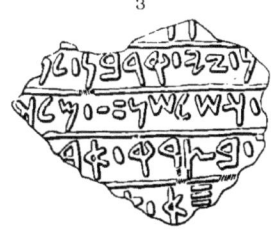

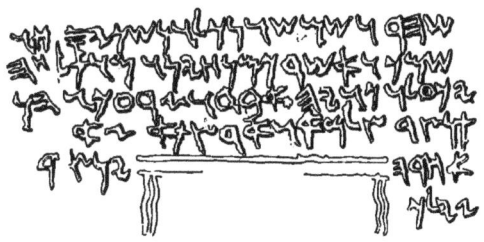

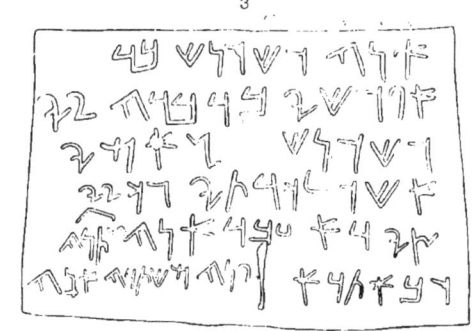

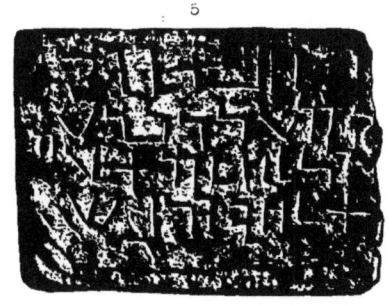

ARAMÄISCH. TAF. XXVII.

ARAMÄISCH. TAF. XXVIII.

NABATAISCH.   TAF. XXIX.

1

עבדאת רי חמרת רי גנת לא צרות עלא

2

רות עלם רי פצעי יעצבו רנעלות
נמנבנתר מערף ר מעברת
לענוד רי עד ערף עצדרש
נורע ענו אה פעם אלא

3

וסרולוסי
רוחנסולגץ
ולעךרסלת
לעגנעעלנ
גסלגחעס

4

(text in Nabataean script, 10 lines)

5

עגלאפו	סומעעם	אלף	עילבראש
(script)	(script)	(script)	(script)

NABATÄISCH. TAF. XXX.

NABATÄISCH.　　　　　　　　　　　　　　　　　　TAF. XXXI.

1

ומטרו רשו מלכו ענו
אלתימא נשא קו לוטאש
ולנו מטיב סמה עיר שיעותו
אות עור עמרו תכל
נשרותם סד עשותת
ועשת

2

ושאולעו תנמסלועו
אלתלעו קוועכטו עשתים
עתותעת לערו וומר אשו
יתעתעועות עעעותרתש
קלעשעתאתועלו נשו
דחד עם

NABATÄISCH.　　　　　　　　　　　　　　　　　　TAF. XXXII.

NABATÄISCH.   TAF. XXXIII.

SINAITISCH.   TAF. XXXIV.

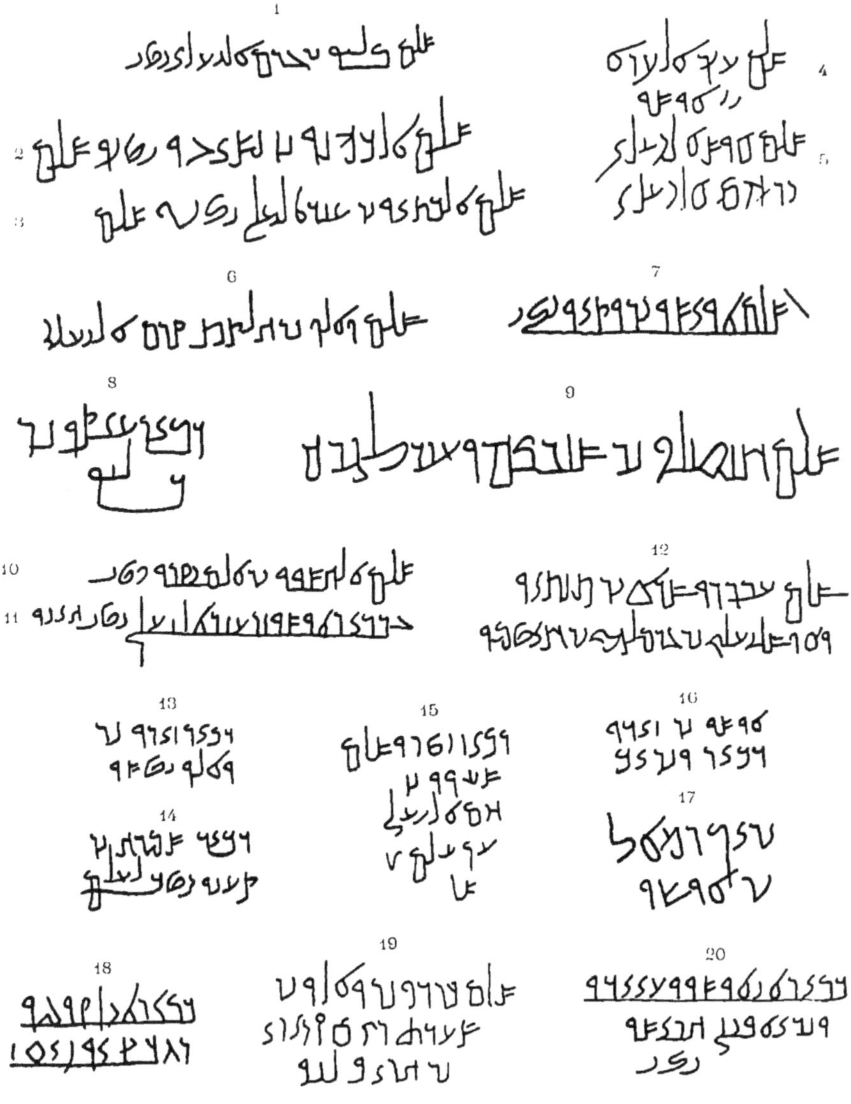

SINAITISCH.   TAF. XXXVI.

PALMYRENISCH.

TAF. XXXVII.

PALMYRENISCH.   TAF. XXXVIII.

PALMYRENISCH. TAF. XXXIX.

PALMYRENISCH. TAF. XL.

PALMYRENISCH. TAF. XLII.

9

לאלפא רבנא דן דכתב לנצבתא דדא ואקמה
ואלי גבר מן נפשת ירחי בר מלכו בר
ירחי בר ישי אבי לגיתות אגירות [??]
לעלמא בירח אב שנת גגדי ק מן

10

[Syriac script lines]

HEBRÄISCHE QUADRATSCHRIFT. – SYRISCH.

TAF. XLIII.

TAF. XLIV.

SCHRIFTTAFEL I. PHÖNIZISCH.

TAF. XLV.

SCHRIFTTAFEL II. ARAMAÏSCH.

TAF. XLVI.